Impressum
Verlag: BABADADA GmbH, Nedderfeld 112 , 22529 Hamburg
Geschäftsführer / Verlagsleitung: Harald Hof
Druck: Books on Demand GmbH, In de Tarpen 42, 22848 Norderstedt

Imprint
Publisher: BABADADA GmbH, Nedderfeld 112 , 22529 Hamburg, Germany
Managing Director / Publishing direction: Harald Hof
Print: Books on Demand GmbH, In de Tarpen 42, 22848 Norderstedt, Germany

学校

escuela

割り算
dividir

186/2

黒板
mesa

教室
aula

校庭
patio de escuela

教師
docente

紙
papel

ペン
bolígrafo

書く
escribir

事務机
escritorio

定規
regla

本
libro

生徒
alumno

ランドセル
mochila escolar

筆入れ
caja de lápices

鉛筆
lápiz

鉛筆削り
sacapuntas

消しゴム
goma de borrar

スケッチブック
bloc de dibujo

スケッチ

dibujo

絵筆

pincel

絵の具箱

caja de pinturas

はさみ

tijera

接着剤

pegamento

練習帳

libro de ejercicios

宿題

tarea

数

número

足し算

sumar

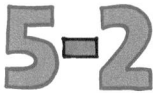

引き算

restar

かけ算

multiplicar

計算する

calcular

文字

letra

アルファベット

alfabeto

単語

palabra

テキスト

texto

読む

leer

チョーク

tiza

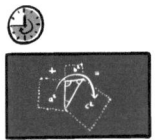

授業

lección

学級日誌

libro de clase

試験

examen

通知表

certificado

制服

uniforme escolar

教育

educación

百科事典

enciclopedia

大学

universidad

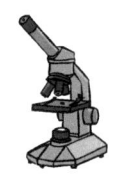

顕微鏡

microscopio

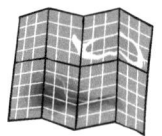

地図

mapa

ごみ箱

cesto de papeles

学校 - escuela

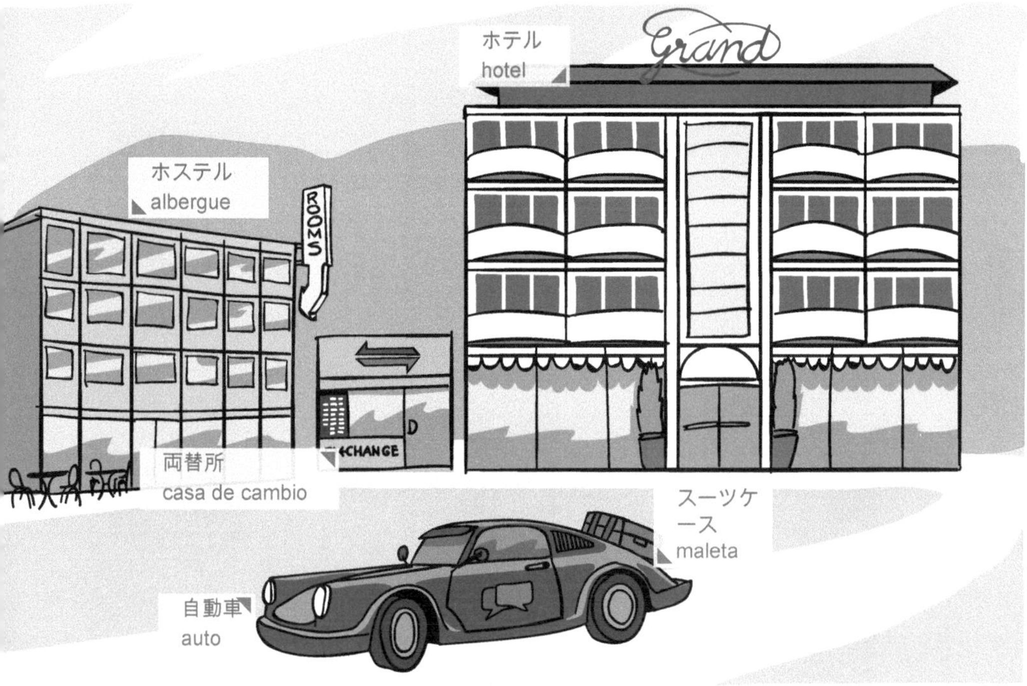

ホテル
hotel
Grand
ホステル
albergue
ROOMS
両替所
casa de cambio
EXCHANGE
スーツケース
maleta
自動車
auto

言語

idioma

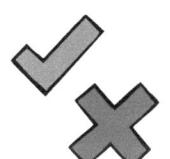

はい / いいえ

sí / no

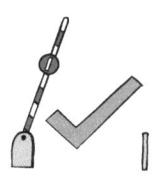

問題ない

ok

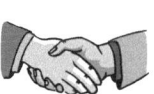

ハロー

hola

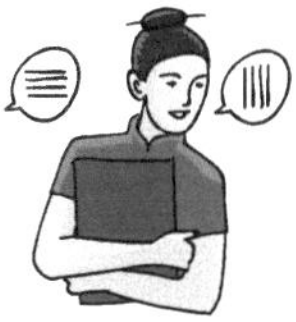

翻訳者

intérprete

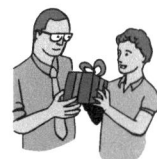

ありがとう

gracias

…はいくらですか？

¿Cuánto cuesta…?

わかりません

No entiendo

問題

problema

こんばんは！

¡Buenas tardes!

おはようございます！

¡Buenos días!

おやすみなさい！

¡Buenas noches!

さようなら

adiós

方向

dirección

手荷物

equipaje

バッグ

bolso

リュックサック

mochila

お客様

invitado

部屋

cuarto

寝袋

saco de dormir

テント

tienda de campaña

旅行者情報

información al turista

ビーチ

playa

クレジットカード

tarjeta de crédito

朝食

desayuno

昼食

almuerzo

夕食

cena

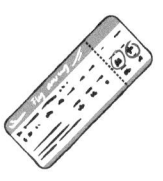

チケット

pasaje

エレベーター

ascensor

スタンプ

sello

境界

límite

税関

aduana

大使館

embajada

ビザ

visa

パスポート

pasaporte

輸送
transporte

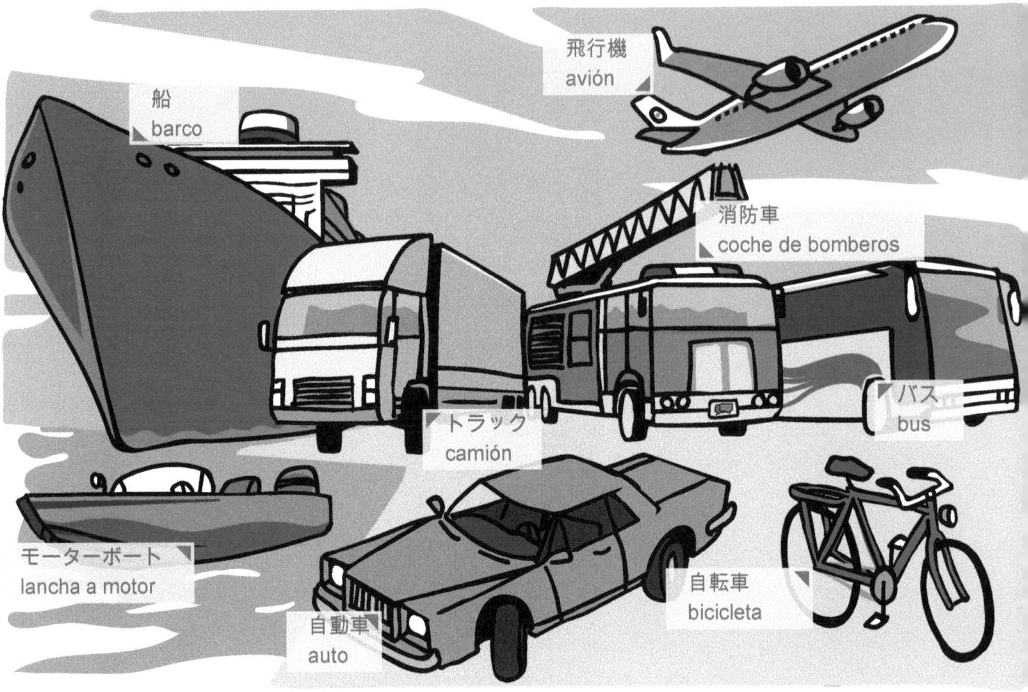
飛行機
avión
船
barco
消防車
coche de bomberos
トラック
camión
バス
bus
モーターボート
lancha a motor
自転車
bicicleta
自動車
auto

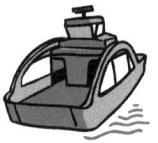

フェリー
balsa

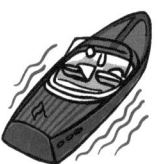

ボート
lancha

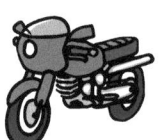

バイク
motocicleta

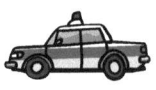

パトカー
auto de policía

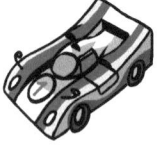

レーシングカー
auto de carreras

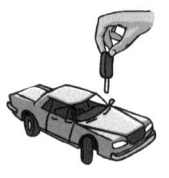

レンタカー
auto de alquiler

カーシェアリング

alquiler de autos

レッカー車

grúa

ごみ収集車

vehículo recolector de basura

モーター

motor

燃料

gasolina

ガソリンスタンド

gasolinera

交通標識

señal de tráfico

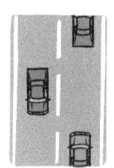

交通

tránsito

渋滞

atasco

駐車場

estacionamiento

駅

estación de tren

道

carril

列車

tren

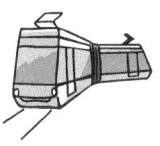

路面電車

tranvía

車両

vagón

ヘリコプター

helicóptero

空港

aeropuerto

タワー

torre

乗客

pasajero

コンテナ

contenedor

段ボール箱

caja de cartón

カート

carro

カゴ

cesta

離陸 / 着陸

despegar / aterrizar

都市

ciudad

村

aldea

都心

centro de la ciudad

家

casa

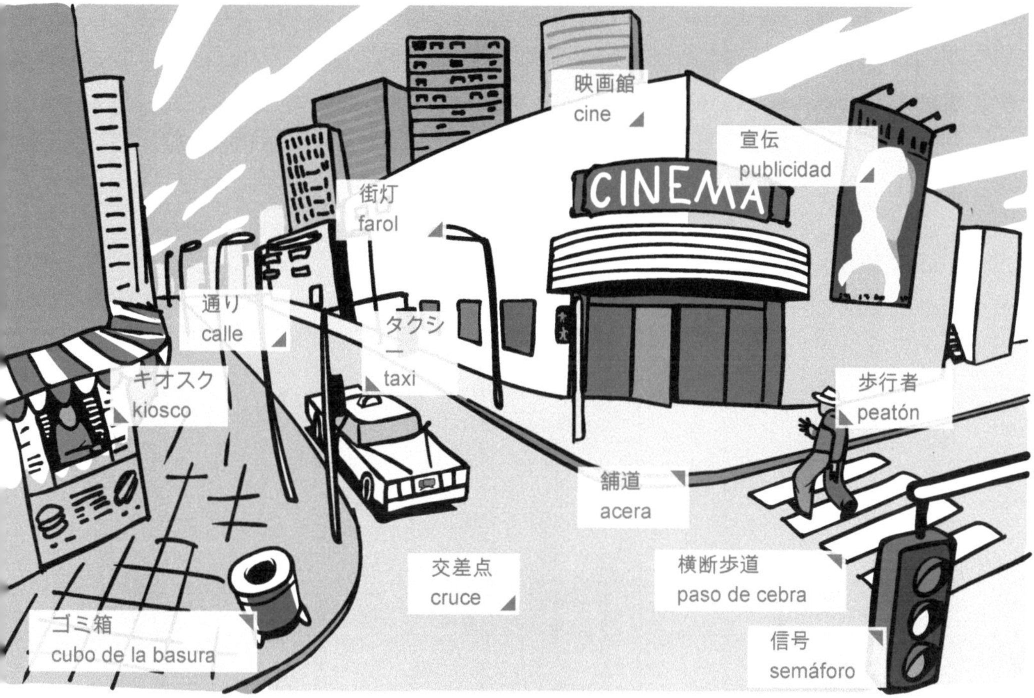
映画館
cine
宣伝
publicidad
CINEMA
街灯
farol
通り
calle
タクシー
taxi
キオスク
kiosco
歩行者
peatón
舗道
acera
交差点
cruce
横断歩道
paso de cebra
ゴミ箱
cubo de la basura
信号
semáforo

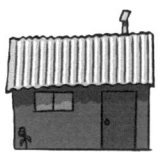

小屋

cabaña

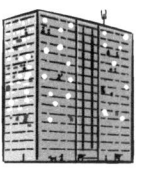

アパート

apartamento

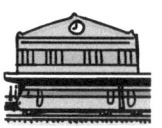

駅

estación de tren

市役所

ayuntamiento

MUSEUM

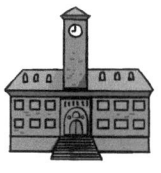

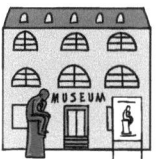

美術館

museo

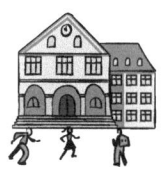

学校

escuela

大学

universidad

銀行

banco

病院

hospital

ホテル

hotel

薬局

farmacia

オフィス

oficina

書店

librería

ショップ

negocio

花屋

florería

スーパーマーケット

supermercado

市場

mercado

デパート

grandes almacenes

魚屋

pescadería

ショッピングセンター

centro comercial

港

puerto

都市 - ciudad

公園

parque

ベンチ

banco

橋

puente

階段

escalera

地下鉄

metro

トンネル

túnel

バス停

parada de autobuses

バー

bar

レストラン

restaurante

ポスト

buzón de correo

道路標識

letrero

パーキングメーター

parquímetro

動物園

zoológico

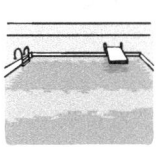

スイミングプール

piscina

モスク

mezquita

農場
granja

汚染
polución

墓地
cementerio

教会
iglesia

遊び場
parque infantil

寺
templo

風景
paisaje

葉
hoja

道標
indicador de camino

道
sendero

草地
pradera

石
piedra

木
árbol

ハイカー
caminante

川
río

草
pasto

花
flor

谷

valle

山

montaña

湖

lago

森

bosque

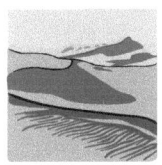

砂漠

desierto

火山

volcán

城

castillo

虹

arco iris

キノコ

seta

ヤシの木

palmera

蚊

mosquito

ハエ

mosca

蟻

hormiga

ミツバチ

abeja

クモ

araña

カブトムシ

escarabajo

蛙

rana

リス

ardilla

ハリネズミ

erizo

ウサギ

liebre

フクロウ

lechuza

鳥

pájaro

白鳥

cisne

雄豚

jabalí

鹿

ciervo

ヘラジカ

alce

ダム

embalse

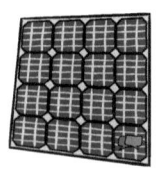

風力タービン

aerogenerador

ソーラーパネル

módulo solar

気候

clima

レストラン
restaurante

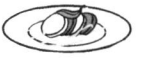

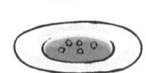

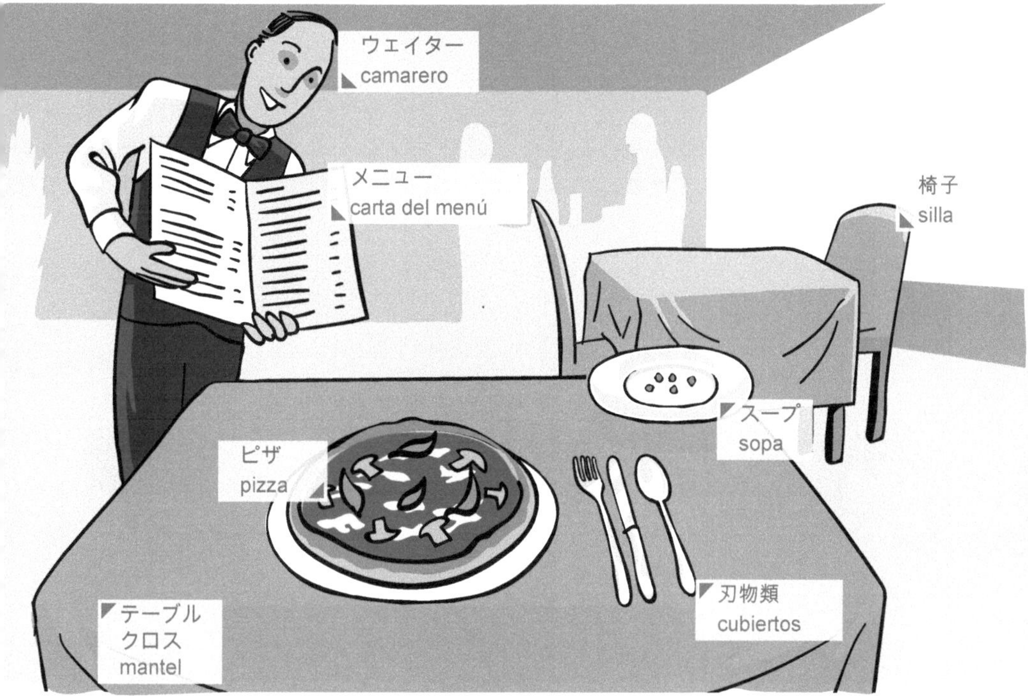
ウェイター
camarero
メニュー
carta del menú
椅子
silla
スープ
sopa
ピザ
pizza
刃物類
cubiertos
テーブルクロス
mantel

前菜

entrada

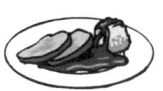

メインコース

plato principal

デザート

postre

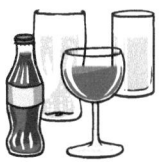

飲み物

bebida

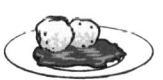

食べ物

comida

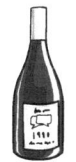

ボトル

botella

ファストフード

comida rápida

屋台の食べ物

comida callejera

ティーポット

tetera

砂糖入れ

azucarera

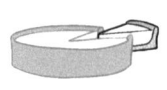

一人前

porción

エスプレッソマシン

máquina de espresso

幼児用食事椅子

silla alta

請求書

factura

トレー

bandeja

ナイフ

cuchillo

フォーク

tenedor

スプーン

cuchara

ティースプーン

cuchara de té

ナプキン

servilleta

グラス

vaso

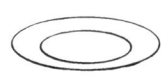

皿
plato

スープ皿
plato de sopa

受け皿
platillo

ソース
salsa

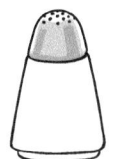

塩入れ
salero

ペッパーミル
molinillo para pimienta

酢
vinagre

油
aceite

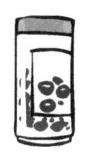

スパイス
especias

ケチャップ
ketchup

マスタード
mostaza

マヨネーズ
mayonesa

スーパーマーケット

supermercado

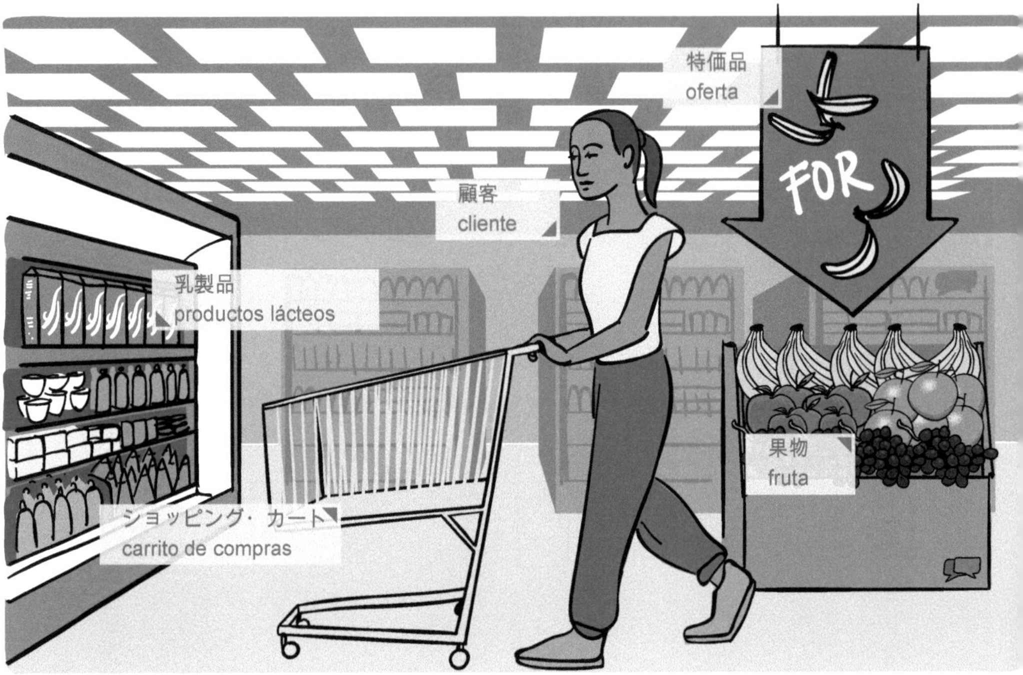
特価品
oferta
FOR
顧客
cliente
乳製品
productos lácteos
果物
fruta
ショッピング· カート
carrito de compras

BUTCHERS

肉屋

carnicería

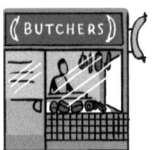

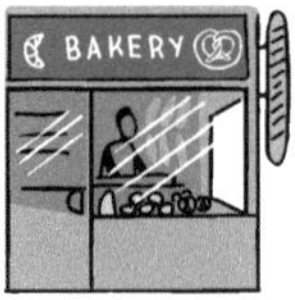
BAKERY

パン屋

panadería

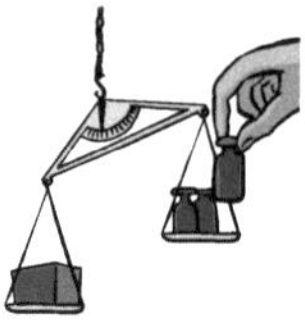

重さをはかる

pesar

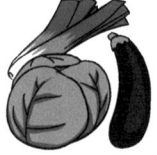

野菜

verdura

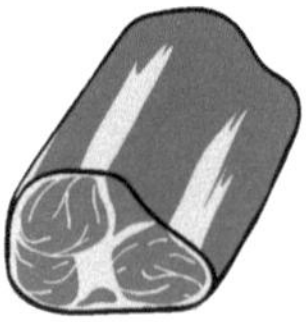

肉

carne

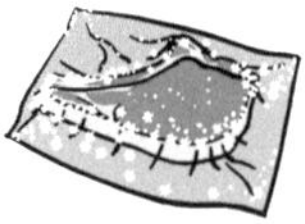

冷凍食品

alimentos congelados

冷肉の薄切り

fiambre

缶詰食品

conservas

洗剤

detergente en polvo

菓子

dulces

家庭用品

artículos domésticos

清掃用品

productos de limpieza

販売員

vendedora

現金箱

caja

レジ係

cajero

買い物リスト

lista de compras

開館時刻

horario de atención

財布

cartera

クレジットカード

tarjeta de crédito

バッグ

maleta

ポリ袋

bolsa plástica

スーパーマーケット - supermercado

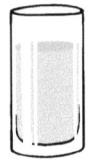

水

agua

ジュース

jugo

牛乳

leche

コーラ

refresco de cola

ワイン

vino

ビール

cerveza

アルコール

alcohol

ココア

cacao

紅茶

té

コーヒー

café

エスプレッソ

espresso

カプチーノ

cappuccino

バナナ

banana

リンゴ

manzana

オレンジ

naranja

メロン

sandía

レモン

limón

ニンジン

zanahoria

ニンニク

ajo

竹

bambú

玉ねぎ

cebolla

キノコ

seta

ナッツ

nueces

ヌードル

fideos

スパゲッティ

espagueti

米

arroz

サラダ

ensalada

フライドポテト

patatas fritas

フライドポテト

patatas salteadas

ピザ

pizza

ハンバーガー

hamburguesa

サンドウィッチ

sándwich

カツレツ

escalope

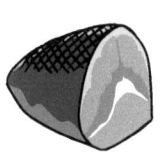

ハム

jamón

サラミ

salame

ソーセージ

embutido

鶏肉

pollo

焼き

asado

魚

pescado

麦のお粥

copos de avena

ムーズリ

musli

コーンフレーク

copos de maíz tostado

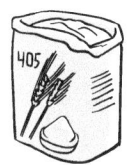

小麦粉

harina

クロワッサン

croissant

ロールパン

panecillo

パン

pan

トースト

tostada

ビスケット

galletas

バター

mantequilla

カッテージチーズ

cuajada

ケーキ

pastel

卵

huevo

目玉焼き

huevo frito

チーズ

queso

アイスクリーム

helado

砂糖

azúcar

はちみつ

miel

ジャム

mermelada

ヌガークリーム

praliné

カレー

curry

農場
granja

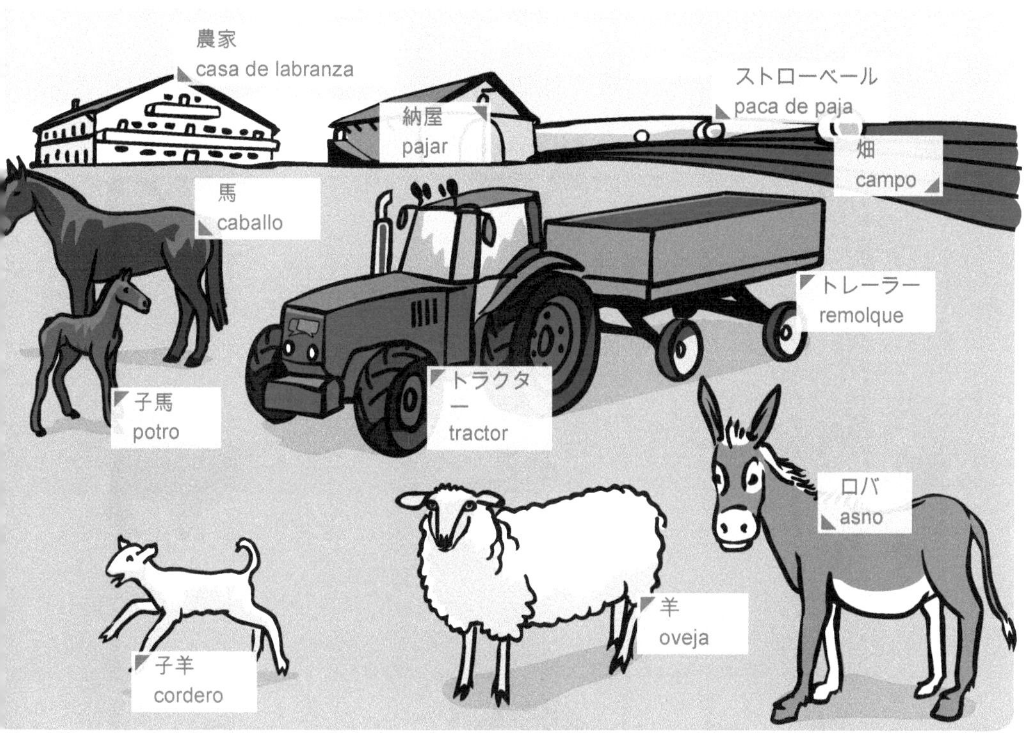
農家
casa de labranza
納屋
pajar
ストローベール
paca de paja
畑
campo
馬
caballo
トレーラー
remolque
トラクター
tractor
子馬
potro
ロバ
asno
羊
oveja
子羊
cordero

ヤギ

cabra

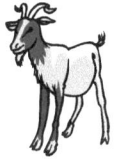

雌牛

vaca

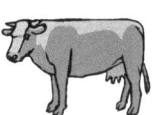

子牛

ternero

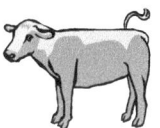

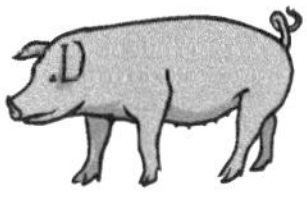

豚

cerdo

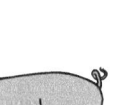

子豚

lechón

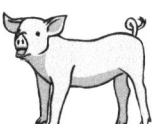

雄牛

toro

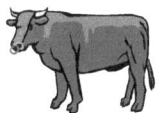

ガチョウ

ganso

アヒル

pato

ひよこ

polluelo

にわとり

pollo

おんどり

gallo

ネズミ

rata

猫

gato

ねずみ

ratón

雄牛

buey

犬

perro

犬小屋

caseta del perro

散水ホース

manguera de riego

じょうろ

regadera

大鎌

guadaña

すき

arado

草刈り鎌

hoz

くわ

azada

堆肥用フォーク

bieldo

斧

hacha

手押し車

carretilla

かいばおけ

abrevadero

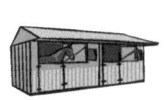

牛乳缶

lechera

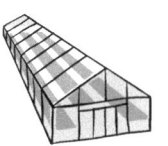

袋

saco

フェンス

cerca

畜舎

establo

温室

invernadero

土壌

suelo

種

semilla

肥料

fertilizante

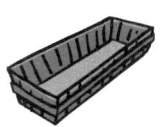

コンバイン

cosechadora

農場 - granja

収穫する

cosechar

収穫

cosecha

ヤマイモ

raíz de ñame

小麦

trigo

大豆

soja

じゃがいも

patata

トウモロコシ

maíz

菜種

colza

果樹

Árbol frutal

キャッサバ

mandioca

穀物

cereales

家
casa

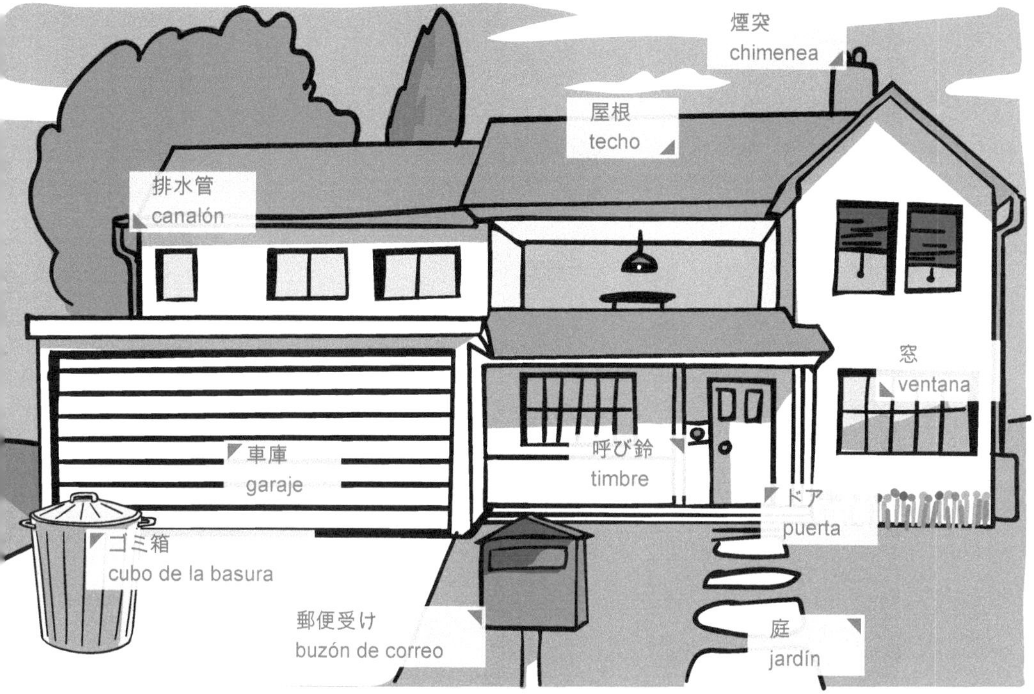

煙突
chimenea
屋根
techo
排水管
canalón
窓
ventana
車庫
garaje
呼び鈴
timbre
ドア
puerta
ゴミ箱
cubo de la basura
郵便受け
buzón de correo
庭
jardín

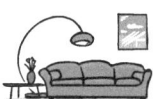

リビングルーム

cuarto de estar

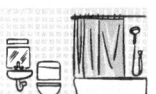

浴室

cuarto de baño

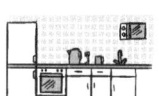

台所

cocina

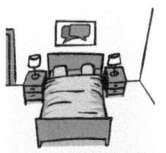

寝室

dormitorio

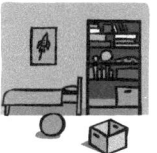

子供部屋

cuarto de los niños

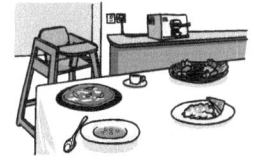

ダイニング・ルーム

comedor

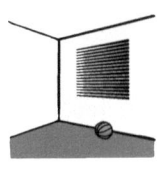

床
piso

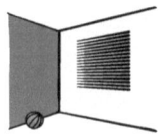

壁
pared

天井
cielorraso

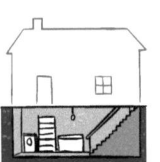

地下貯蔵庫
sótano

サウナ
sauna

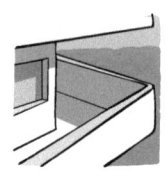

バルコニー
balcón

テラス
terraza

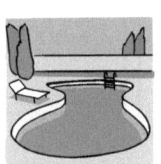

プール
piscina

芝刈り機
cortacésped

シーツ
funda nórdica

ベッドカバー
edredón

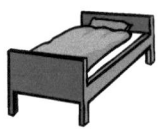

ベッド
cama

ほうき
escoba

バケツ
cubo

スイッチ
interruptor

リビングルーム
cuarto de estar

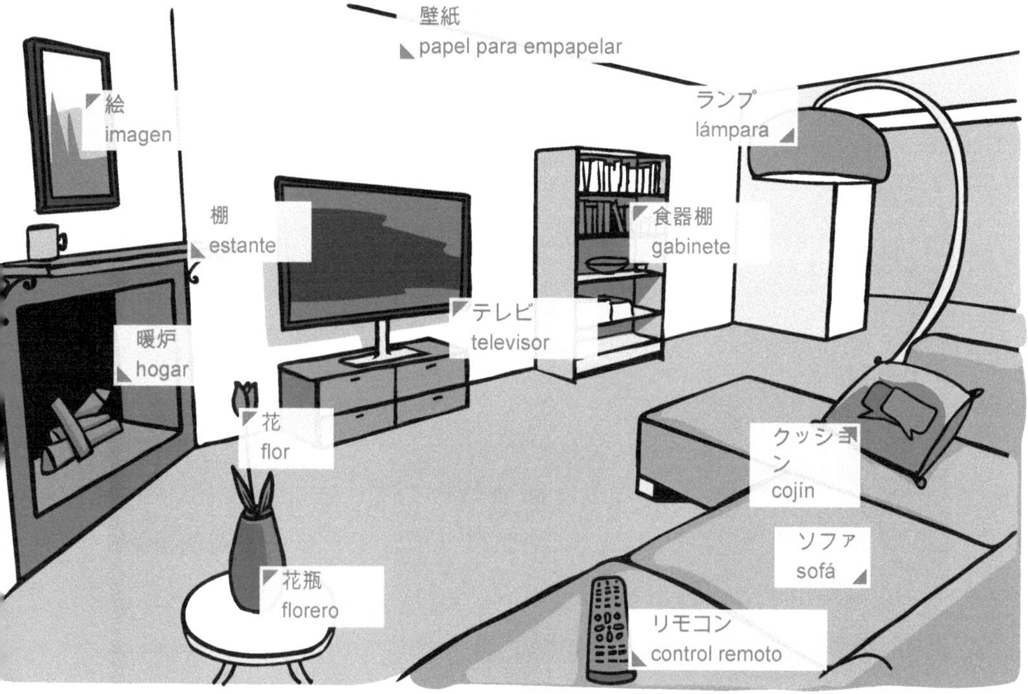

壁紙
papel para empapelar
絵
imagen
ランプ
lámpara
棚
estante
食器棚
gabinete
テレビ
televisor
暖炉
hogar
花
flor
クッション
cojín
ソファ
sofá
花瓶
florero
リモコン
control remoto

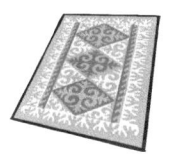

カーペット

alfombra

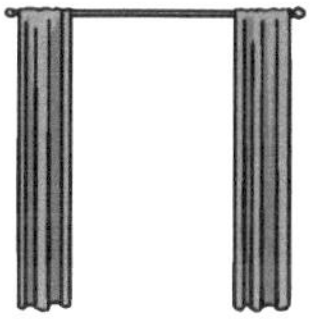

カーテン

cortina

テーブル

mesa

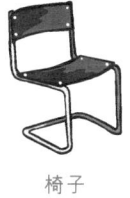

椅子

silla

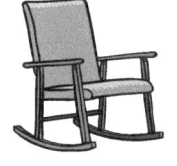

ロッキングチェア

mecedora

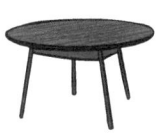

ひじ掛け椅子

sillón

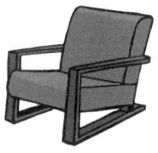

本

libro

毛布

frazada

飾り

decoración

たきぎ

leña

映画

film

ステレオ

equipo estereofónico

鍵

llave

新聞

periódico

絵画

cuadro

ポスター

póster

ラジオ

radio

メモ帳

bloc de notas

掃除機

aspiradora

サボテン

cactus

ろうそく

vela

台所
cocina

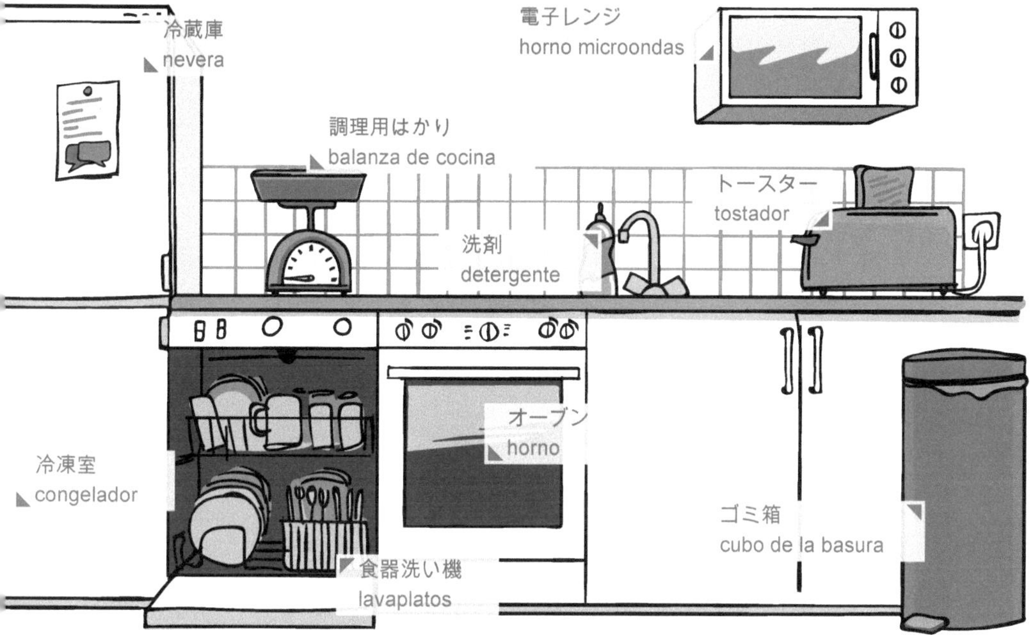

冷蔵庫
nevera
電子レンジ
horno microondas
調理用はかり
balanza de cocina
トースター
tostador
洗剤
detergente
オーブン
horno
冷凍室
congelador
ゴミ箱
cubo de la basura
食器洗い機
lavaplatos

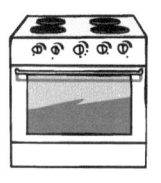

こんろ

cocina

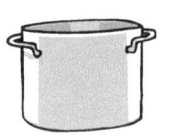

鍋

olla

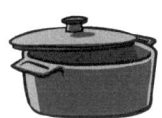

鉄鍋

olla de fundición de hierro

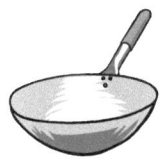

中華鍋/ カダイ鍋

wok / kadai

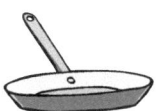

フライパン

sartén

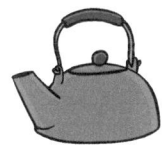

やかん

hervidor de agua

蒸し器

olla de vapor

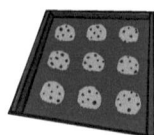

天板

bandeja de horno

食器

vajilla

マグカップ

vaso

ボウル

bol

箸

palillos para comer

おたま

cucharón de sopa

へら

espátula

泡立て器

batidor

こし器

colador

ふるい

cedazo

すりおろし器

rallador

すり鉢

mortero

バーベキュー

parrillada

かまど

fogata

まな板

tabla de picar

麺棒

rodillo

栓抜き

sacacorchos

缶

lata

缶切り

abrelatas

鍋つかみ

agarrador

流し

fregadero

ブラシ

cepillo

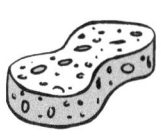

スポンジ

esponja

ミキサー

batidora

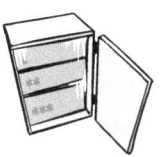

冷凍庫

arcón congelador

哺乳瓶

biberón

蛇口

grifo

浴室

cuarto de baño

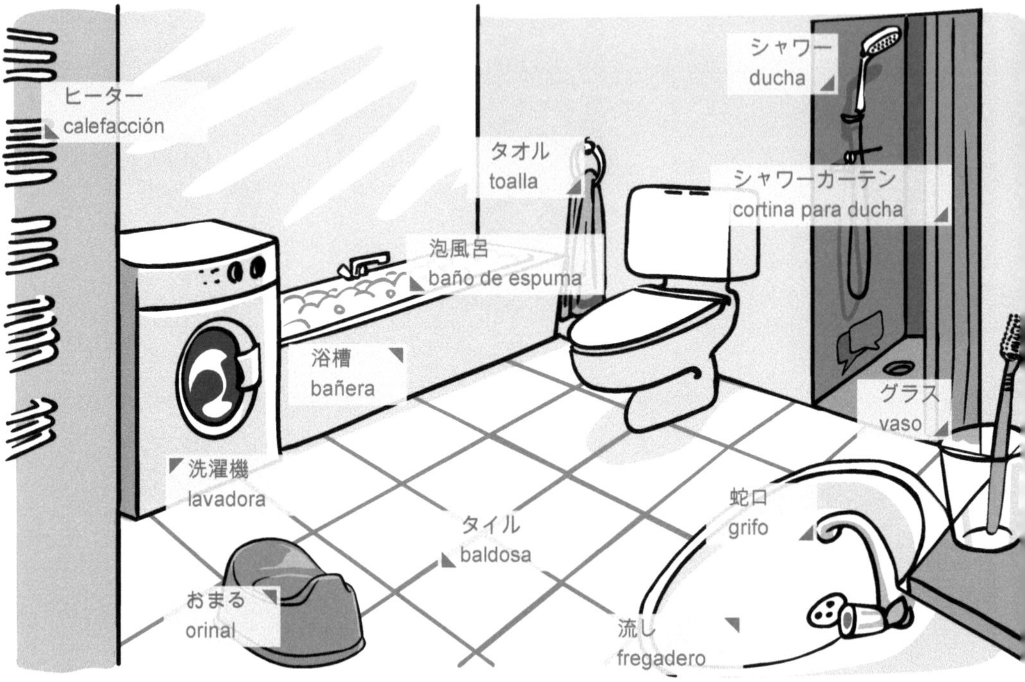

ヒーター
calefacción
シャワー
ducha
タオル
toalla
シャワーカーテン
cortina para ducha
泡風呂
baño de espuma
浴槽
bañera
グラス
vaso
洗濯機
lavadora
蛇口
grifo
タイル
baldosa
おまる
orinal
流し
fregadero

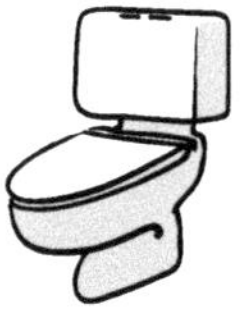

トイレ

cuarto de baño

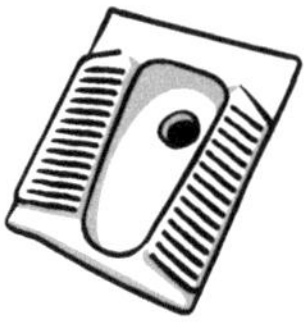

和式トイレ

placa turca

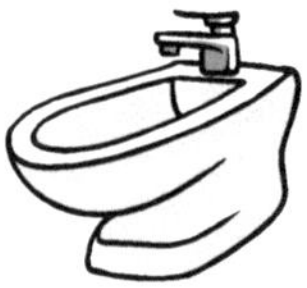

ビデ

bidé

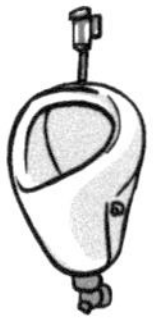

小便器

urinario

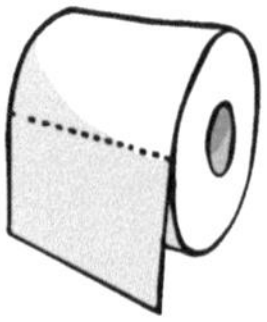

トイレットペーパー

papel higiénico

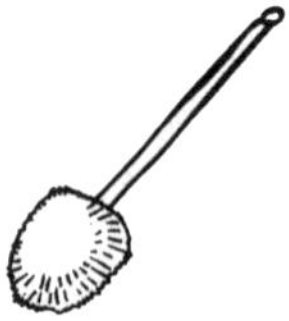

トイレブラシ

escobilla para el cuarto de baño

歯ブラシ

cepillo de dientes

歯みがき

pasta dentífrica

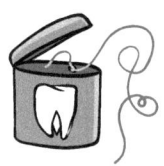

デンタルフロス

seda dental

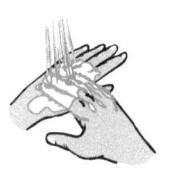

洗う

lavar

シャワーヘッド

ducha teléfono

ハンドビデ

ducha higiénica

洗面台

cuenco

ボディブラシ

cepillo para la espalda

石鹸

jabón

シャワー用ジェル

gel de ducha

シャンプー

champú

浴用タオル

manopla para baño

排水口

desagüe

クリーム

crema

消臭

desodorante

鏡

espejo

手鏡

espejo de maquillaje

かみそり

máquina de afeitar

シェービング・フォーム

espuma de afeitar

アフターシェーブローショ
ン

loción para después del
afeitado

櫛

peine

ブラシ

cepillo

ドライヤー

secador para cabello

ヘアスプレー

laca de peinado

化粧

maquillaje

口紅

lápiz labial

マニキュア

laca para uñas

脱脂綿

algodón

爪切り

tijera para uñas

香水

perfume

洗面用具入れ

neceser

スツール

taburete

体重計

balanza

バスローブ

bata de baño

ゴム手袋

guantes de goma

タンポン

tampón

生理用ナプキン

compresa

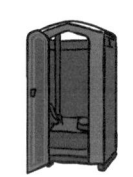

ケミカルトイレ

wáter químico

子供部屋

cuarto de los niños

目覚まし時計
despertador
ぬいぐるみ
animal de peluche
おもちゃの自動車
auto de juguete
がらがら
sonajero
ドール・ハウス
casa de muñecas
プレゼント
obsequio

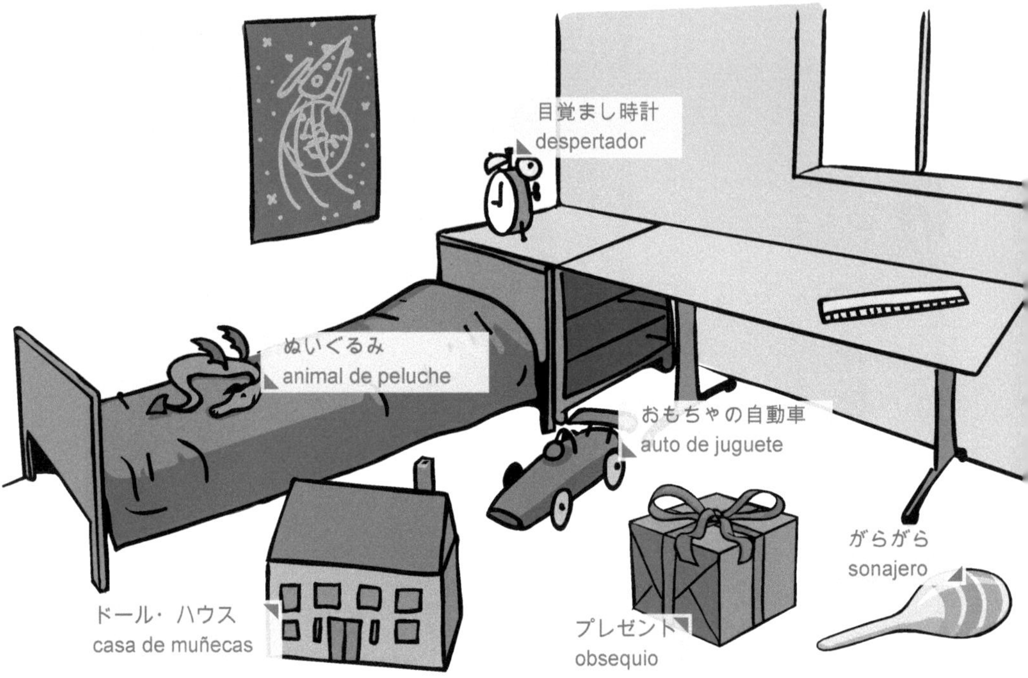

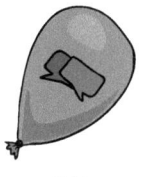

風船

globo

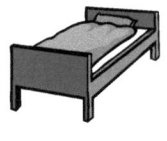

ベッド

cama

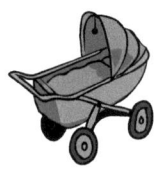

ベビーカー

cochecito para niños

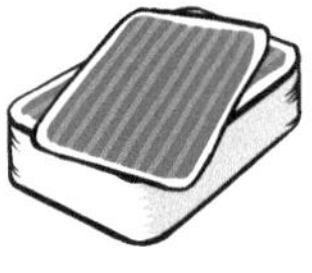

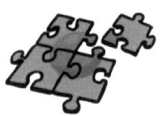

カードゲーム

juego de barajas

ジグソーパズル

rompecabezas

SUPER MEGA

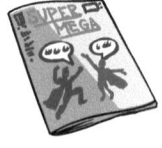

漫画

cómic

レゴ

piezas de Lego

玩具ブロック

bloques para jugar

アクションフィギュア

figura de acción

ロンパース

pijama de una pieza

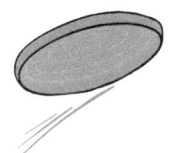

フリスビー

frisbee

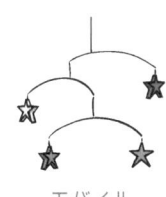

モバイル

móvil

ボードゲーム

juego de mesa

さいころ

dado

鉄道模型

tren eléctrico a escala

おしゃぶり

chupete

パーティー

fiesta

絵本

libro de dibujos

ボール

pelota

人形

títere

遊ぶ

jugar

砂場

arenero

ブランコ

columpio

おもちゃ

juguetes

ゲーム機

consola de videojuego

三輪車

triciclo

テディベア

osito de peluche

衣装ダンス

guardarropa

衣服

vestimenta

靴下

calcetines

ストッキング

medias

タイツ

panti

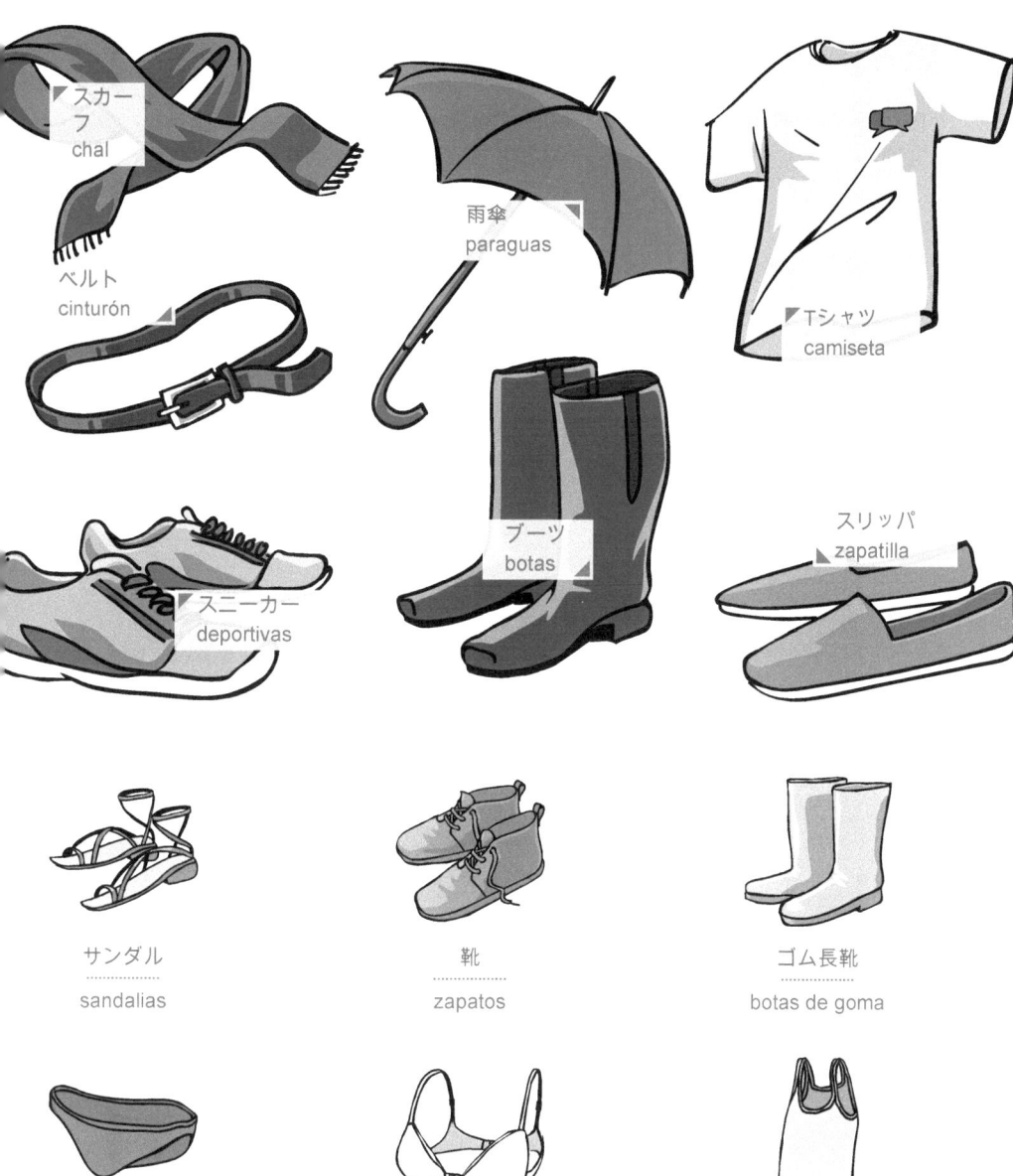

スカーフ
chal

ベルト
cinturón

雨傘
paraguas

Tシャツ
camiseta

スニーカー
deportivas

ブーツ
botas

スリッパ
zapatilla

サンダル
sandalias

靴
zapatos

ゴム長靴
botas de goma

パンツ
ropa interior

ブラ
corpiño

ベスト
camiseta

ボディースーツ

body

ズボン

pantalón

ジーンズ

jeans

スカート

falda

ブラウス

blusa

シャツ

camisa

セーター

pullover

パーカー

sweater

ブレザー

blazer

ジャケット

chaqueta

コート

abrigo

レインコート

impermeable

服装

traje chaqueta

ドレス

vestido

ウェディングドレス

vestido de bodas

スーツ
traje

ナイトガウン
camisón

パジャマ
pijama

サリー
sari

ヘッドスカーフ
pañuelo de cabeza

ターバン
turbante

ブルカ
burka

カフタン
caftán

アバヤ
abaya

水着
traje de baño

トランクス
bañador

半ズボン
shorts

スウェットスーツ
chándal

エプロン
delantal

手袋
guante

ボタン

botón

メガネ

gafa

ブレスレット

brazalete

ネックレス

cadena

指輪

anillo

イヤリング

aro

帽子

gorra

ハンガー

percha

帽子

sombrero

ネクタイ

corbata

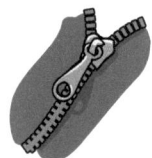

ファスナー

cierre a cremallera

ヘルメット

casco

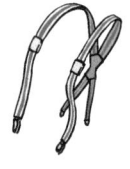

サスペンダー

tiradores

制服

uniforme escolar

ユニフォーム

uniforme

よだれかけ

babero

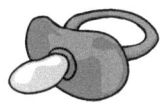

おしゃぶり

chupete

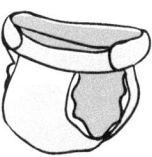

おむつ

pañal

オフィス
oficina

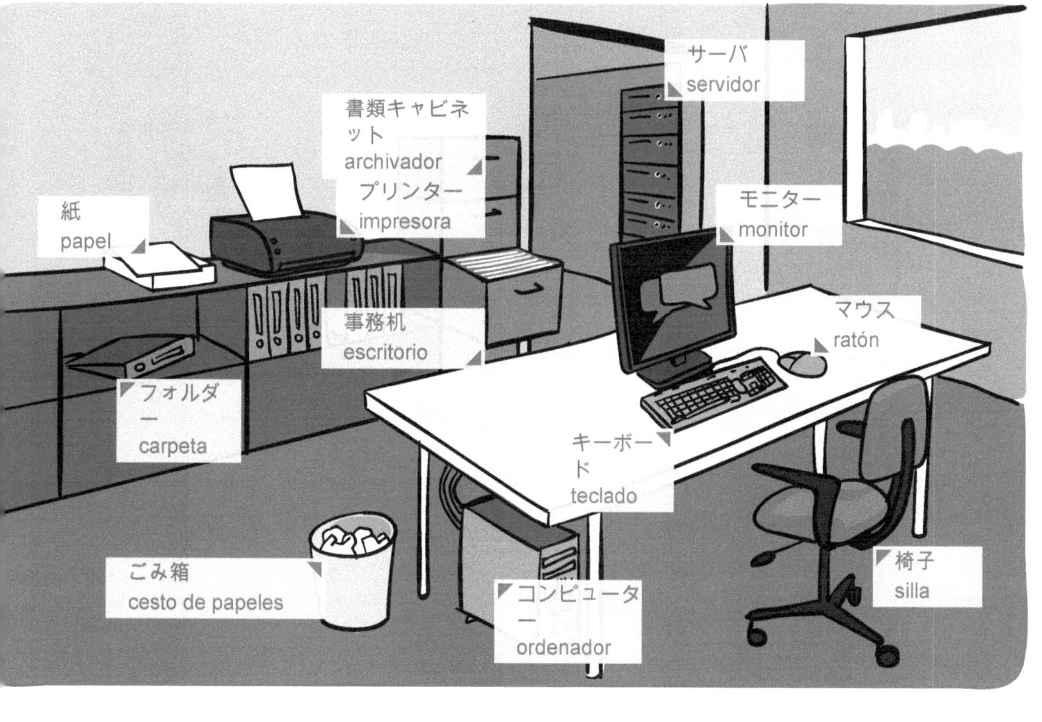

サーバ
servidor

書類キャビネット
archivador

プリンター
impresora

モニター
monitor

紙
papel

マウス
ratón

事務机
escritorio

フォルダー
carpeta

キーボード
teclado

ごみ箱
cesto de papeles

椅子
silla

コンピューター
ordenador

コーヒーマグ

taza de café

計算機

calculadora

インターネット

internet

ラップトップ

laptop

手紙

carta

メッセージ

mensaje

携帯電話

teléfono móvil

ネットワーク

red

コピー機

fotocopiadora

ソフトウェア

software

電話

teléfono

コンセント

tomacorriente

ファックス

máquina de fax

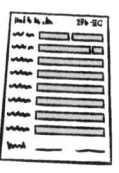

フォーム

formulario

書類

documento

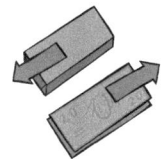

買う

comprar

支払う

pagar

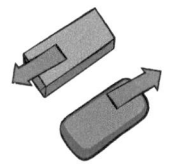

取引する

comerciar

お金

dinero

ドル

dólar

ユーロ

euro

円

yen

ルーブル

rublo

スイスフラン

franco

人民元

renminbi

ルピー

rupia

キャッシュポイント

cajero automático

両替所

casa de cambio

金

oro

銀

plata

油

petróleo

エネルギー

energía

価格

precio

契約

contrato

税金

impuesto

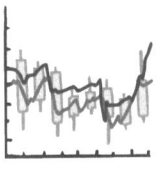

株

acción

働く

trabajar

従業員

empleado

雇用主

empleador

工場

fábrica

ショップ

negocio

職業
ocupaciones

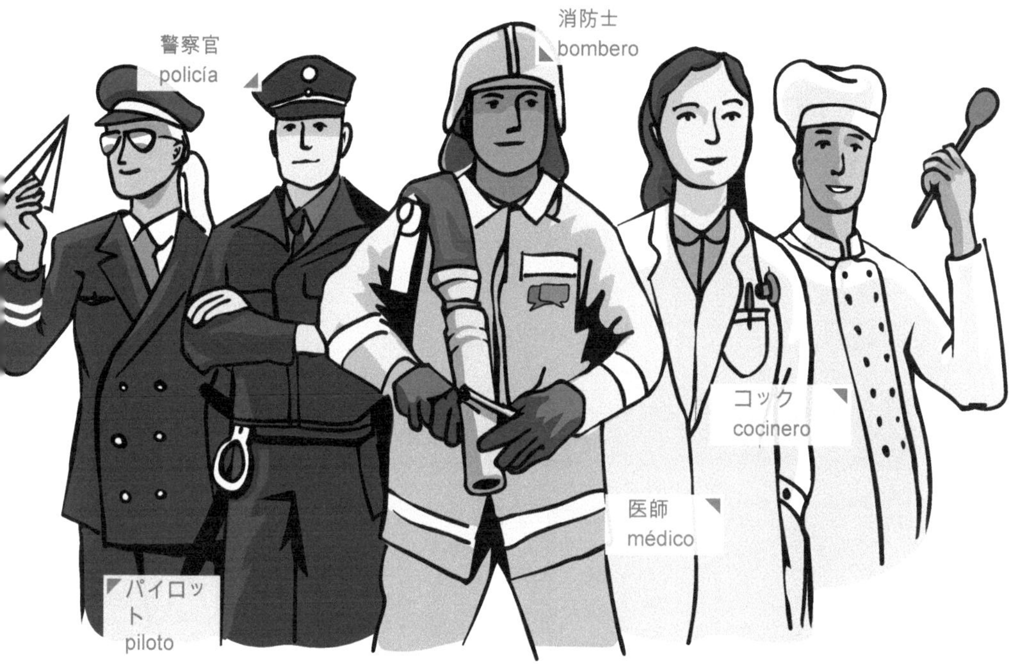
警察官
policía
消防士
bombero
コック
cocinero
医師
médico
パイロット
piloto

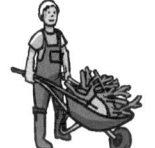

庭師

jardinero

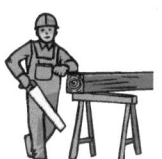

大工

carpintero

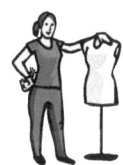

お針子

costurera

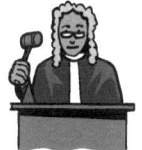

裁判官

juez

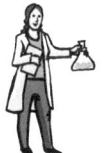

化学者

químico

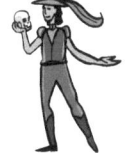

俳優

actor

バスの運転手

conductor de autobús

タクシー運転手

taxista

漁師

pescador

掃除婦

mujer de la limpieza

屋根ふき職人

techista

ウェイター

camarero

ハンター

cazador

塗装工

pintor

パン屋

panadero

電気工

electricista

建設作業員

albañil

エンジニア

ingeniero

肉屋

carnicero

配管工

fontanero

郵便配達人

cartero

軍人
soldado

建築家
arquitecto

レジ係
cajero

花屋
florista

美容師
peluquero

車掌
cobrador

機械工
mecánico

キャプテン
capitán

歯科医
odontólogo

科学者
científico

ラビ
rabino

イスラム導師
imam

修道士
monje

牧師
párroco

道具

herramientas

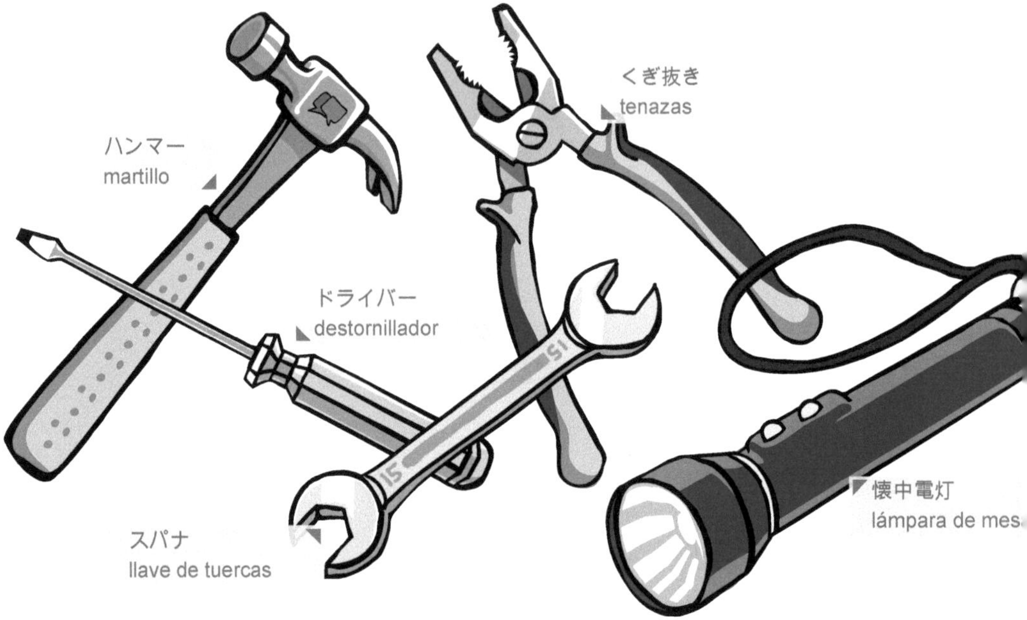

ハンマー
martillo
くぎ抜き
tenazas
ドライバー
destornillador
懐中電灯
lámpara de mes
スパナ
llave de tuercas

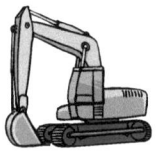

掘削機

excavadora

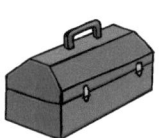

道具箱

caja de herramientas

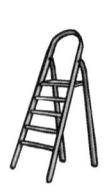

はしご

escalerilla

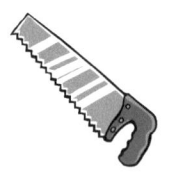

のこぎり

serrucho

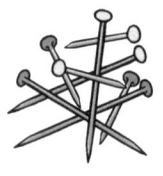

釘

clavos

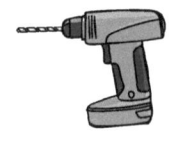

ドリル

taladro

修理する

reparar

シャベル

pala

クソ！

¡Maldición!

ちりとり

recogedor

ペンキ缶

lata de pintura

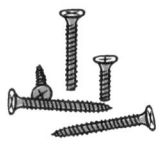

ネジ

tornillos

楽器

instrumentos musicales

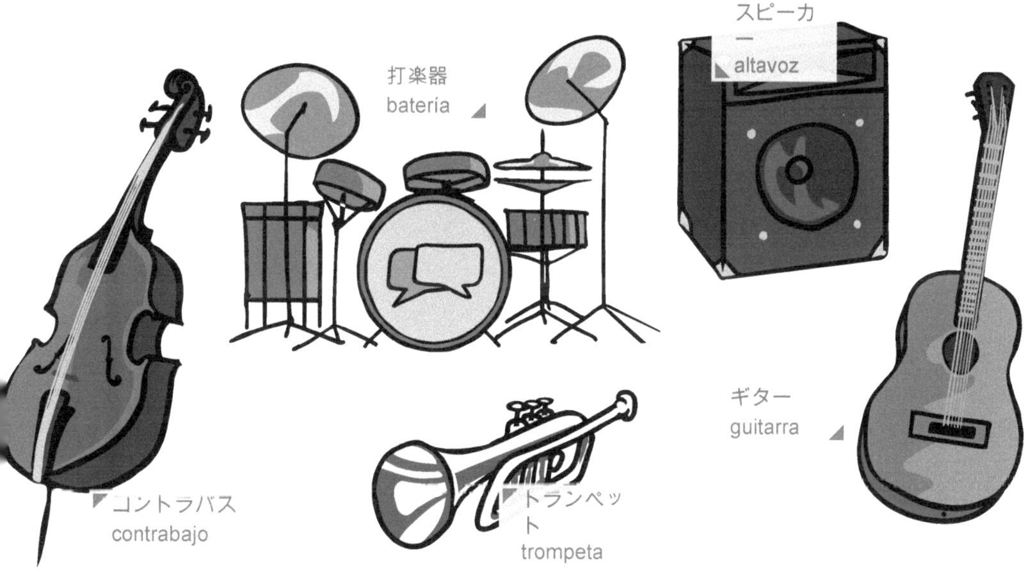

打楽器
batería

スピーカ
ー
altavoz

コントラバス
contrabajo

トランペッ
ト
trompeta

ギター
guitarra

ピアノ

piano

バイオリン

violín

バス

bajo

ティンパニ

timbales

ドラム

tambor

キーボード

teclado

サックス

saxofón

フルート

flauta

マイクロフォン

micrófono

動物園

zoológico

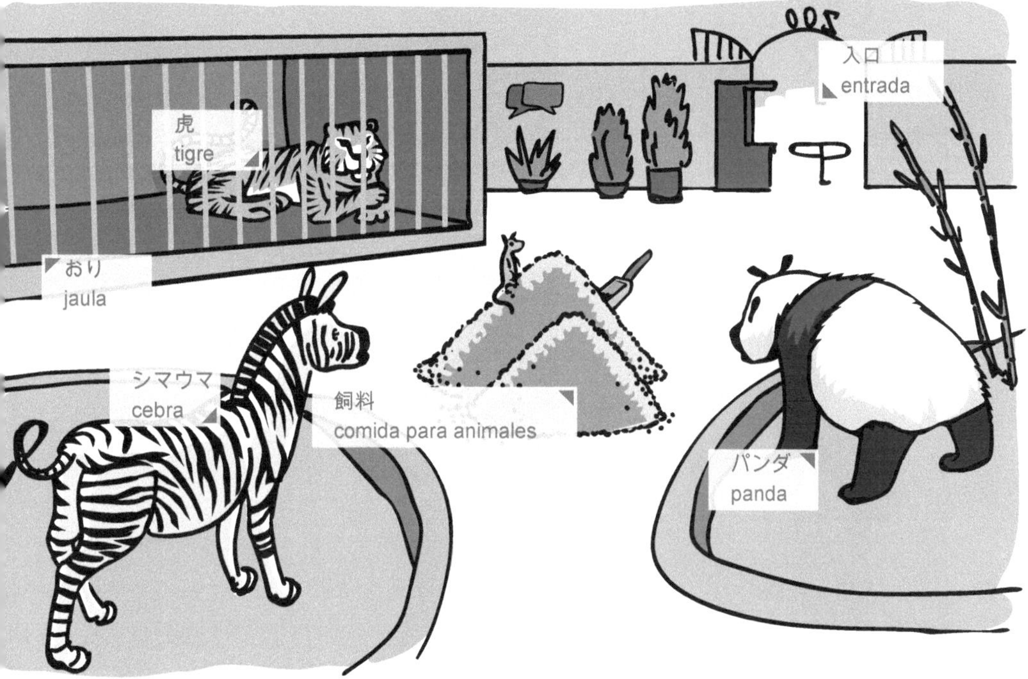

入口
entrada
虎
tigre
おり
jaula
シマウマ
cebra
飼料
comida para animales
パンダ
panda

動物

animales

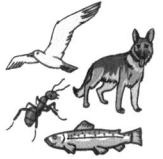

象

elefante

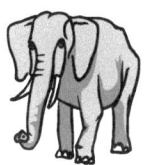

カンガルー

canguro

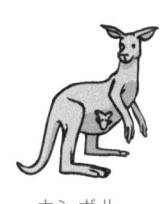

サイ

rinoceronte

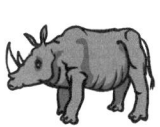

ゴリラ

gorila

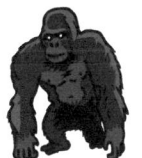

熊

oso

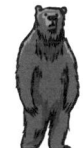

ラクダ

camello

ダチョウ

avestruz

ライオン

león

猿

mono

フラミンゴ

flamengo

オウム

papagayo

白クマ

oso polar

ペンギン

pingüino

サメ

tiburón

クジャク

pavo real

蛇

serpiente

ワニ

cocodrilo

飼育係

cuidador del zoológico

アザラシ

foca

ジャガー

jaguar

ポニー

pony

ヒョウ

leopardo

カバ

hipopótamo

キリン

jirafa

鷲

águila

雄豚

jabalí

魚

pescado

亀

tortuga

セイウチ

morsa

狐

zorro

ガゼル

gacela

アメフト
fútbol americano

サイクリング
ciclismo

テニス
tenis

バスケットボール
baloncesto

水泳
natación

ボクシング
boxeo

アイスホッケー
hockey sobre hielo

サッカー
fútbol

バドミントン
badminton

陸上競技
atletismo

ハンドボール
balonmano

スキー
esquí

ポロ
polo

跳ぶ
saltar

抱きしめる
abrazar

笑う
reír

歩く
caminar

歌う
cantar

夢見る
soñar

祈る
rezar

キス
besar

書く
escribir

描く
dibujar

示す
mostrar

押す
presionar

与える
dar

取る
tomar

持っている

tener

する

hacer

ある

ser

立つ

estar de pie

走る

correr

引く

tirar

投げる

arrojar

落ちる

caer

横たわっている

estar acostado

待つ

esperar

運ぶ

llevar

座る

estar sentado

着る

vestirse

眠る

dormir

目が覚める

despertar

見る

mirar

泣く

llorar

なでる

acariciar

櫛ですく

peinarse

話す

conversar

理解する

entender

質問する

preguntar

聞く

oír

飲む

beber

食べる

comer

片づける

asear

愛する

amar

料理する

cocinar

運転する

conducir

飛ぶ

volar

ヨットに乗る

navegar

計算する

calcular

読む

leer

学ぶ

aprender

働く

trabajar

結婚する

casarse

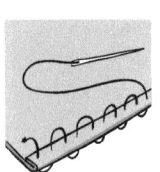

縫う

coser

歯を磨く

limpiarse los dientes

殺す

matar

喫煙する

fumar

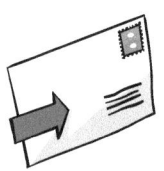

送る

enviar

家族

familia

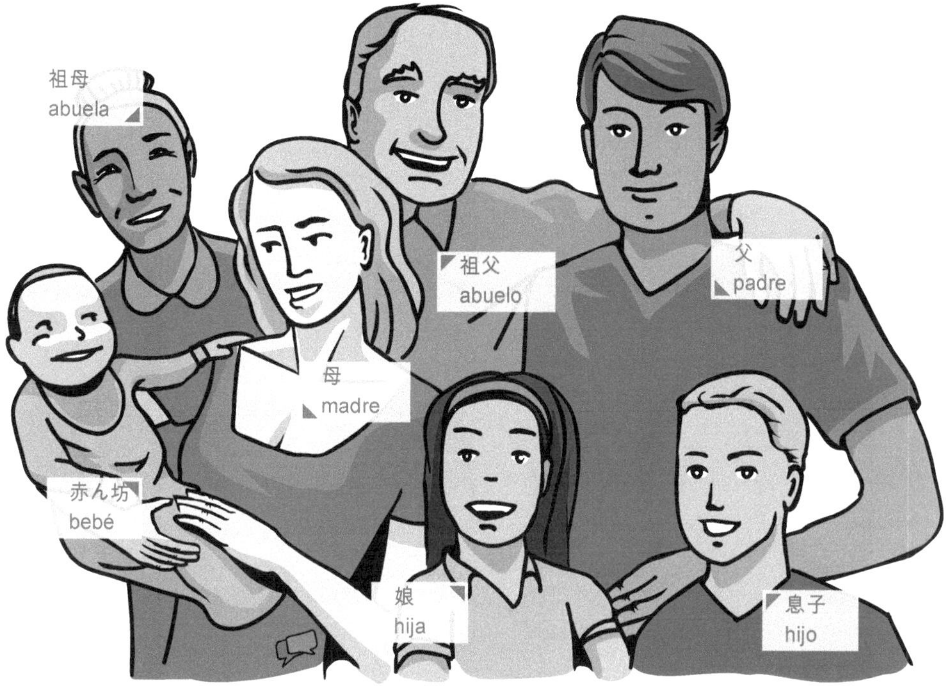

祖母
abuela
祖父
abuelo
父
padre
母
madre
赤ん坊
bebé
娘
hija
息子
hijo

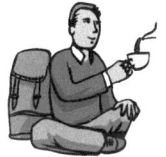

お客様

invitado

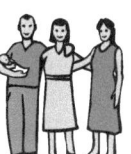

おば

tía

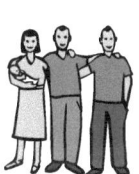

おじ

tío

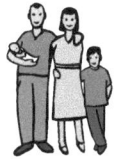

兄弟

hermano

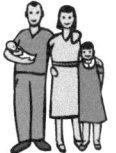

姉妹

hermana

体

cuerpo

ひたい
frente
目
ojo
顔
cara
あご
barbilla
胸
pecho
指
dedo
手
mano
腕
brazo
肩
hombro
脚
pierna

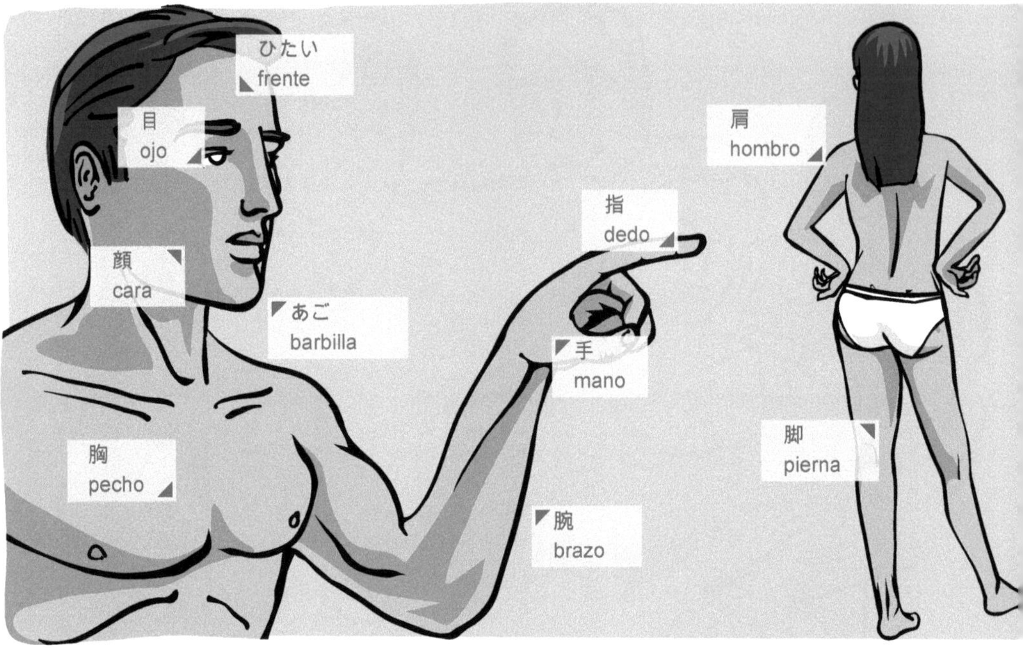

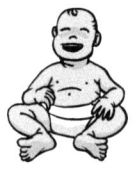

赤ん坊

bebé

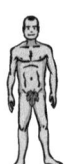

男性

hombre

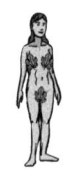

女性

mujer

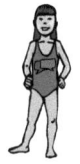

少女

muchacha

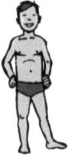

少年

joven

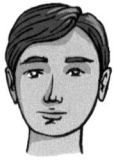

頭

cabeza

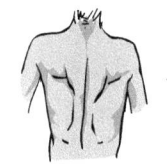

背中

espalda

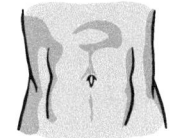

腹

vientre

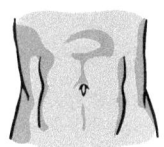

へそ

ombligo

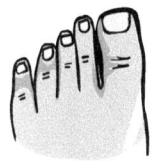

足指

dedo del pie

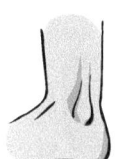

かかと

talón

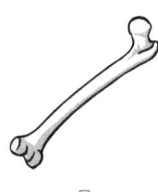

骨

hueso

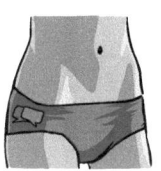

腰

cadera

ひざ

rodilla

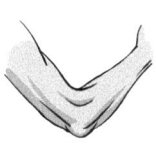

ひじ

codo

鼻

nariz

尻

trasero

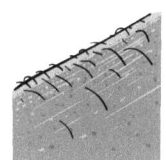

皮膚

piel

頬

mejilla

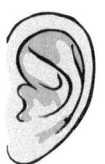

耳

oreja

唇

labio

口

boca

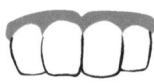

歯

diente

舌

lengua

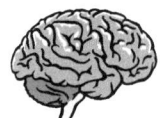

脳

cerebro

心臓

corazón

筋肉

músculo

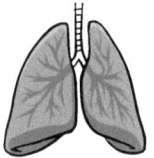

肺

pulmón

肝臓

hígado

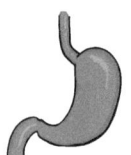

胃

estómago

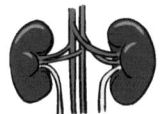

腎臓

riñones

セックス

relación sexual

コンドーム

condón

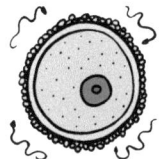

卵細胞

Óvulo

精液

esperma

妊娠

embarazo

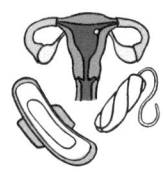

月経

menstruación

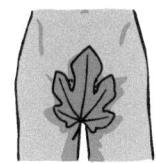

膣

vagina

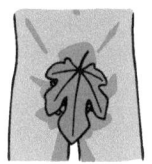

ペニス

pene

眉

ceja

髪

cabello

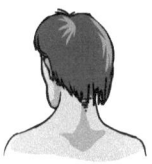

首

cuello

病院
hospital

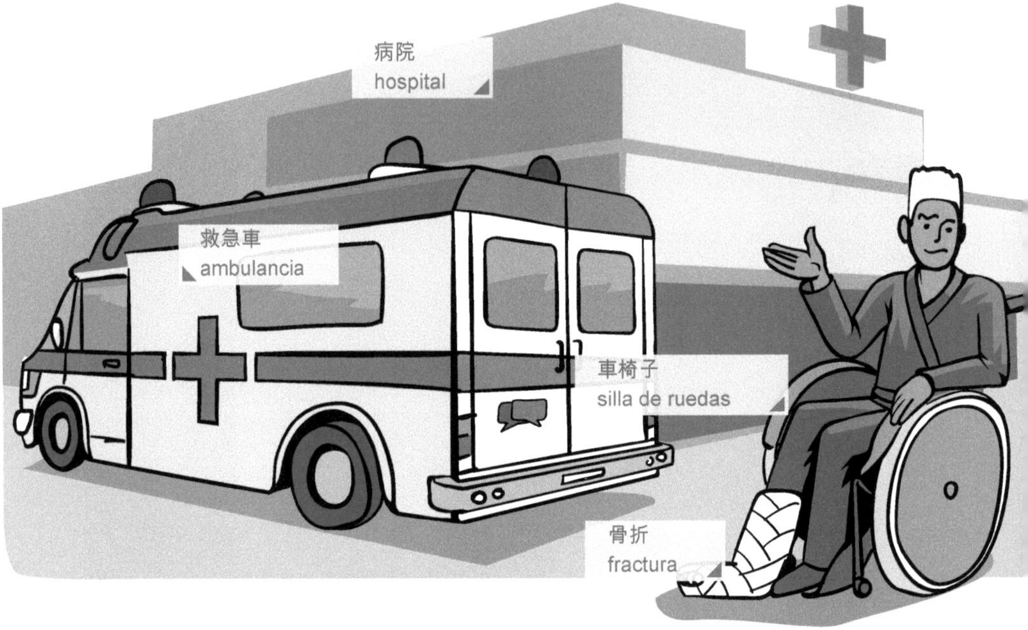

病院
hospital
救急車
ambulancia
車椅子
silla de ruedas
骨折
fractura

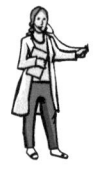

医師
médico

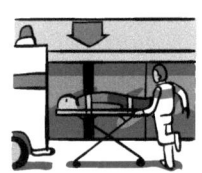

救急治療室
admisión de urgencia

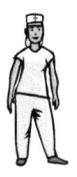

看護師
enfermera

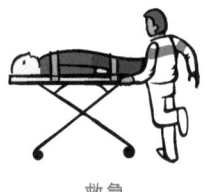

救急
emergencia

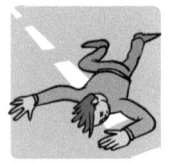

失神
inconsciente

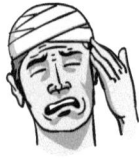

痛み
dolor

けが

lesión

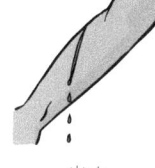

出血

hemorragia

心臓発作

infarto de miocardio

脳卒中

apoplejía cerebral

アレルギー

alergia

咳

tos

熱

fiebre

インフルエンザ

gripe

下痢

diarrea

頭痛

dolor de cabeza

癌

cáncer

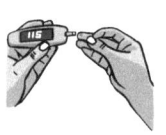

糖尿病

diabetes

外科医

cirujano

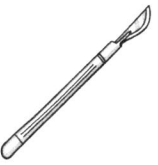

外科用メス

escalpelo

手術

operación

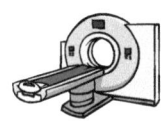

CT
TC

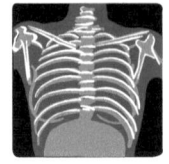

レントゲン
rayos X

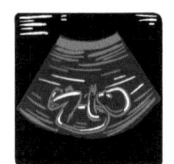

超音波
ultrasonido

マスク
máscara

病気
enfermedad

待合室
sala de espera

松葉づえ
muleta

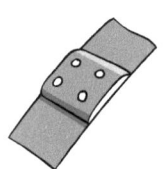

ばんそうこう
emplasto

包帯
vendaje

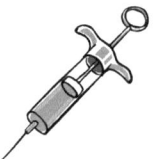

注射
inyección

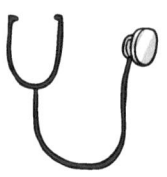

聴診器
estetoscopio

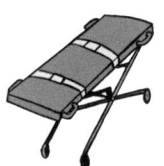

担架
camilla

体温計
termómetro

出産
nacimiento

肥満
sobrepeso

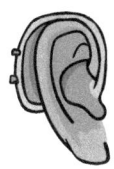

補聴器
audífono

消毒剤
desinfectante

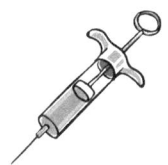

感染
infección

ウイルス
virus

HIV / エイズ
VIH / SIDA

内服薬
medicina

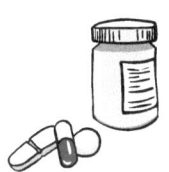

予防接種
vacunación

錠剤
comprimido

ピル
píldora anticonceptiva

緊急電話
llamada de emergencia

血圧計
medidor de presión arterial

病気の / 健康な
enfermo / saludable

助けて！

¡Ayuda!

アラーム

alarma

暴行

asalto

攻撃

ataque

危険

peligro

非常口

salida de emergencia

火事だ！

¡Fuego!

消火器

extintor

事故

accidente

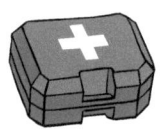

救急箱

kit de primeros auxilios

SOS

SOS

警察

Policía

ヨーロッパ

Europa

北米

América del Norte

南米

América del Sur

アフリカ

África

アジア

Asia

オーストラリア

Australia

大西洋

Atlántico

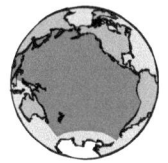

太平洋

Pacífico

インド洋

Océano Índico

南極海

Océano Antártico

北極海

Océano Ártico

北極

Polo Norte

南極

Polo Sur

南極大陸

Antártida

地球

Tierra

陸

país

海

mar

島

isla

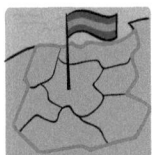

国家

nación

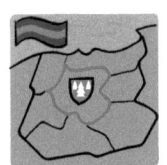

国家

Estado

文字盤
cuadrante

短針
horario

長針
minutero

秒針
segundero

何時ですか？
¿Qué hora es?

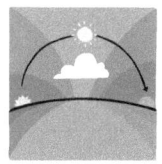

日
día

時間
tiempo

現在
ahora

デジタル時計
reloj digital

分
minuto

時間
hora

月曜
lunes

水曜
miércoles

金曜
viernes

火曜
martes

木曜
jueves

土曜
sábado

日曜
domingo

昨日
ayer

今日
hoy

明日
mañana

朝
mañana

昼
mediodía

夜
tarde

営業日
jornada de trabajo

週末
fin de semana

雨
▶ lluvia

虹
▶ arco iris

風
viento

雪
nieve

春
primavera

秋
▶ otoño

夏
verano

冬
invierno

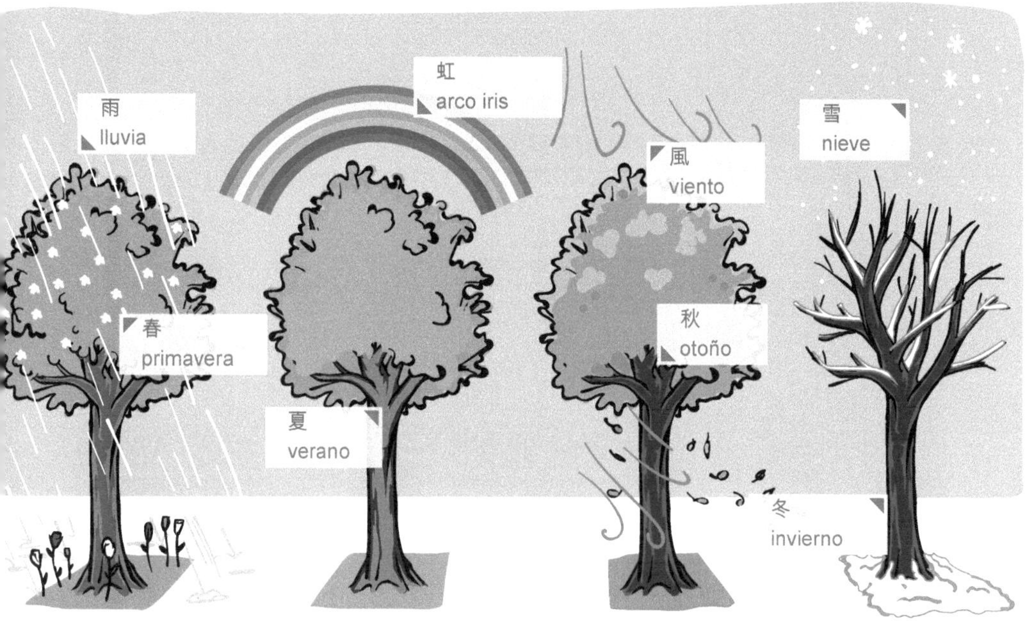

天気予報

pronóstico meteorológico

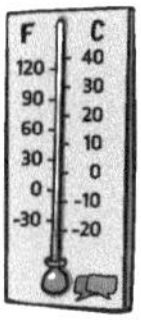

温度計

termómetro

日差し

luz solar

雲

nube

霧

niebla

湿度

humedad ambiente

雷

relámpago

雷

trueno

嵐

tormenta

ひょう

granizo

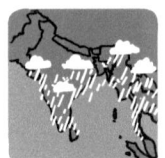

季節風

monzón

洪水

inundación

氷

hielo

1月

enero

2月

febrero

3月

marzo

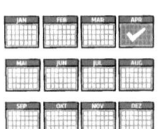

4月

abril

5月

mayo

6月

junio

7月

julio

8月

agosto

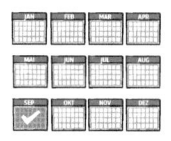

9月
....
septiembre

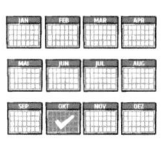

10月
....
octubre

11月
....
noviembre

12月
....
diciembre

形

formas

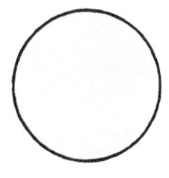

円
....
círculo

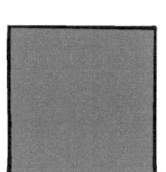

正方形
....
cuadrado

長方形
....
rectángulo

三角
....
triángulo

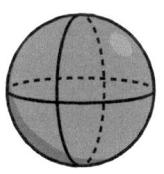

球
....
esfera

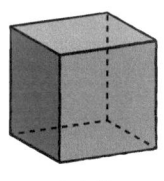

立方体
....
cubo

白

blanco

黄

amarillo

オレンジ

anaranjado

ピンク

rosa

赤

rojo

紫

lila

青

azul

緑

verde

茶

marrón

灰色

gris

黒

negro

多い / 少ない

mucho / poco

怒っている /
落ち着いている
enojado / calmado

美しい / 醜い

bonito / feo

初め / 終わり

comienzo / fin

大きい / 小さい

grande / pequeño

明るい / 暗い

claro / oscuro

兄弟 / 姉妹

hermano / hermana

清潔な / 汚い

limpio / sucio

完全な / 不完全な

completo / incompleto

日中 / 夜

día / noche

死んだ / 生きている

muerto / vivo

幅広い / 狭い

ancho / angosto

食べられる　/
食べられない
disfrutable / no disfrutable

悪意のある　/　親切な
malo / amigable

興奮している　/
退屈している
excitado / aburrido

太った　/　痩せた
gordo / delgado

最初に　/　最後に
primero / último

友人　/　敵
amigo / enemigo

いっぱいの　/　空の
lleno / vacío

硬い　/　柔らかい
duro / suave

重い　/　軽い
pesado / liviano

空腹　/　喉の渇き
hambre / sed

病気の　/　健康な
enfermo / saludable

違法な　/　合法な
ilegal / legal

賢い　/　愚かな
inteligente / tonto

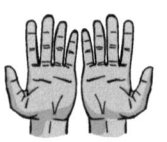

左に　/　右に
izquierda / derecha

近い　/　遠い
cercano / lejano

新しい / 中古の

nuevo / usado

何もない / 何かある

nada / algo

老いた / 若い

viejo / joven

オン / オフ

encendido / apagado

開いている /
閉まっている

abierto / cerrado

静かな / うるさい

bajo / fuerte

裕福な / 貧乏な

rico / pobre

正しい / 間違っている

correcto / incorrecto

粗い / なめらか

áspero / liso

悲しい / 幸せな

triste / alegre

短い / 長い

breve / extenso

ゆっくり / 速い

lento / veloz

濡れた / 乾いた

mojado / seco

温かい / 冷たい

caliente / frío

戦争 / 平和

guerra / paz

0

ゼロ

cero

1

1

uno

2

2

dos

3

3

tres

4

4

cuatro

5

5

cinco

6

6

seis

7

7

siete

8

8

ocho

9

9

nueve

10

10

diez

11

11

once

12

12

doce

13

13

trece

14

14

catorce

15

15

quince

16

16

dieciséis

17

17

diecisiete

18

18

dieciocho

19

19

diecinueve

20

20

veinte

100

100

cien

1.000

1000

mil

1.000.000

100万

millón

英語

inglés

アメリカ英語

inglés estadounidense

中国標準語

chino mandarín

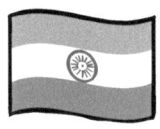

ヒンディー語

hindi

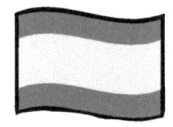

スペイン語

español

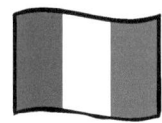

フランス語

francés

アラビア語

árabe

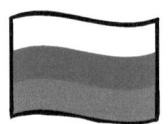

ロシア語

ruso

ポルトガル語

portugués

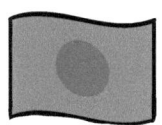

ベンガル語

bengalí

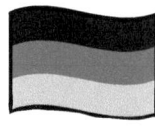

ドイツ語

alemán

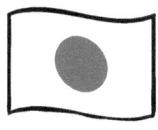

日本語

japonés

私

yo

あなた

tú

彼 / 彼女 / それ

él / ella

私たち

nosotros

あなたたち

vosotros

彼ら

ellos

誰？

¿quién?

何？

¿qué?

どうやって？

¿cómo?

どこ？

¿dónde?

いつ？

¿cuándo?

名前

nombre

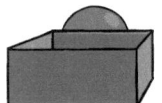

後ろ

detrás

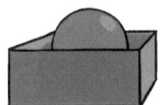

中

en

前

delante de

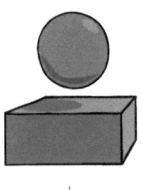

上

encima de

上

sobre

下

debajo de

横

junto a

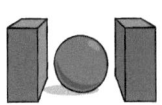

間

entre

場所

lugar